El estornudo de don Lanudo

LECTURAS GRÁFICAS

Ruby Lee
Ilustraciones de Michael Eddenden

Consultores del Programa de Alfabetización
David Booth • Larry Swartz

Traducción/Adaptación: Lada J. Kratky

¿Podrán los vecinos protegerse de los estornudos de don Lanudo?

PERSONAJES

don Lanudo

Vecinos

Cada estornudo de don Lanudo es colosal.

echan a volar las hojas...

los lentes y los sombreros...

los animales y las mascotas.

A los vecinos de don Lanudo no les gustan sus estornudos.

¡Don Lanudo **tiene que** dejar de estornudar!

Los vecinos de don Lanudo
le hablan de sus estornudos.

9

La nariz de don Lanudo le empieza a cosquillear otra vez.

SANTILLANA USA
Language Education Experts

Santillana USA Publishing Company. Inc.
2023 NW 84th Avenue, Doral FL 33122
www.santillanausa.com

Editorial Director: Isabel C. Mendoza
Translation/Adaptation: Lada J. Kratky

Ru'bicon   www.rubiconpublishing.com

Spanish Language Edition
Project Editor: Mariana Aldave
Designer: Jennifer Drew

English Language Edition
Editorial Director: Amy Land
Project Editor: Dawna McKinnon
Creative Director: Jennifer Drew
Art Director: Rebecca Buchanan
Senior Designer: Doug Baines

ISBN 978-1-4869-0176-0

1 2 3 4 5 6 7 8 9 10   24 23 22 21 20 19 18 17 16 15

Printed in China